EN LA COCINA DE
YEIKEL

YEIKEL SANTOS

Ibukku es una editorial de autopublicación. El contenido de esta obra es responsabilidad del autor y no refleja necesariamente las opiniones de la casa editora.

Publicado por Ibukku
www.ibukku.com
Diseño y maquetación: Índigo Estudio Gráfico
Fotografías: Sureidy Rodríguez, Geraldo Pérez y archivo.
Copyright © 2017 YEIKEL SANTOS
ISBN Paperback: 978-1-946035-60-8
ISBN eBook: 978-1-946035-61-5
Library of Congress Control Number 2017935296

ÍNDICE

Prólogo

Los libros de cocina siempre nos deparan sorpresas y gratificaciones. Cuando entretejen recetas creativas, con un modo peculiar de combinar y ensalzar el valor de los alimentos, se tornan imprescindibles. Sin duda, el libro LA COCINA DE YEIKEL representa una de esas obras en la que se logra captar los gustos y preferencias alimentarias actuales de los cubanos, con platillos tradicionales, cincelados por las manos expertas de sus artífices.

Con cariño se presentan recetas luminosas de la cocina doméstica, circunscrita a procesos de adaptación y tendencias innovadoras del yantar moderno, en el que se incorporan nuevos alimentos y formas de cocción. Este audaz desfile de recetas es copia fiel de la intrepidez de su autor, siempre convocando para nuevas experiencias. Sí, porque Yeikel Santos tiene el don de la creatividad, y con gran tesón ha aunado esfuerzos y querencias para crear este recetario distintivo.

En esa aventura logró que sus invitados mostrasen una forma de cocinar, en la que se juntan fineza, tradición y buen sabor. Esta vez, con gran modestia y creatividad, figuras representativas de la cultura cubana en diversos ámbitos, nos han regalado un suculento banquete. Un aporte más a nuestra cocina, en la que cocineras y cocineros siguen configurando su historia.

MADELAINE VÁZQUEZ GÁLVEZ

Frutas

Son los alimentos más llamativos por su diversidad de colores y formas. Aportan gran variedad y cantidad de vitaminas y minerales. Hidratan al organismo, ayudan al correcto funcionamiento del aparato digestivo, facilitan el drenaje de líquidos al ser diuréticas y depuradoras; aportan fibras vegetales saludables, vitaminas y sustancias antioxidantes naturales (polifenales). La vitamina que más abunda en las frutas es la C, y es la única que nuestro cuerpo no sintetiza, por lo que debe responder día a día a través de alimentos ya que no se acumula y su exceso es eliminado por la orina. Al consumir las frutas nos beneficiamos absolutamente con todas esas vitaminas y nutrientes que ellas poseen y nos llenamos de vida.

UNA RECETA DE...

Descemer Bueno

Mousse de limón

Ingredientes:
1 lata de leche condensa
1 caja de leche evaporada de 500 ml
1 taza de jugo de limón natural
Ralladura de limón

Procedimiento:

Mezclamos en una licuadora las dos leches y luego añadimos poco a poco el jugo de limón, hasta lograr que cuaje. Lo servimos y agregamos la ralladura de limón. Lo guardamos bajo refrigeración. Se consume frío.

El mousse o espuma es un preparado culinario de origen francés, cuya base es la clara de huevo montada a punto de nieve, o la crema de leche batida, los cuales le dan consistencia esponjosa. Los más conocidos son el

7

mousse de chocolate de frutas, aunque también gozan de mucha fama el mousse salado como el mousse de hortalizas o de pescado.

Descemer Bueno: Compositor, contrabajista, percusionista y productor musical. Uno de los músicos cubanos más importantes y populares del momento. Exponente de una sonoridad urbana de fuerte vibración contemporánea.

UNA RECETA DE... *Dailenis*

Limonada Frappé

Ingredientes:
3 tazas de jugo de limón
4 ramitas de hierba buena
4 tazas de agua fría
3 tazas de hielo frappé
Azúcar al gusto

Procedimiento:

L icuamos el jugo de limón, azúcar y las ramitas de hierba buena. Luego incorporamos el hielo y agua. Para la decoración podemos usar nuestra imaginación, agregándole algunas ramitas de hierba buena o rodajas de limón en el borde del vaso.

El limón es muy rico en vitamina C, en menor cantidad la A, E y las del grupo B. Contiene potasio, magnesio, calcio y fósforo; también cobre, zinc, hierro y manganeso. Se le atribuyen notables propiedades curativas. Beneficioso para la circulación (reduce la presión arterial); ayuda a la digestión, es astringente, ayuda a prevenir resfriados y a fortalecer nuestro sistema inmunológico. Reduce niveles de colesterol; es antiviral y antibacteriano. Eficaz en dietas de adelgazamiento, estimulante para las funciones del páncreas y el hígado. Protector en la prevención de algunos tipos de cáncer. Muy utilizado en remedios caseros para el alivio del dolor de garganta, úlceras en la boca y gingivitis.

Dailenis Fuentes Gálvez: Joven actriz que recién se inicia en su carrera; siente preferencia por el teatro. Por su buen desempeño y talento le espera un lindo camino a recorrer. Comida favorita: Los arroces, ya sea blanco, congrí, moro, arroz amarillo, acompañado de cualquier carne.

UNA RECETA DE... *Yoandra*

Mermelada de cáscaras de frutas

Ingredientes:
*Cáscaras de diferentes frutas (piña, guayaba y fruta
bomba)*
Azúcar a gusto
1 cucharada de jugo de limón
Agua de la misma cocción
Opcionalmente (queso crema, para acompañar)

Procedimiento:

Incorporamos todas las caáscaras en un recipiente y cocinamos hasta que estén blandas. Luego esperamos a que se
enfrié para licuar y colar. Después le añadimos el azúcar al
gusto, el jugo de limón y cocinamos por breve tiempo.

La papaya aporta vitamina C en
cantidades tan elevadas que 100 gramos de alimento cubren el cien por
cien de la cantidad diaria recomen-

dada para un adulto medio. Ayuda a aumentar las defensas naturales del organismo.Favorece la formación de colágeno. Ayuda a hacer bien la digestión, con lo que se evitan así digestiones pesadas.

Yoandra Álvarez: Productora de la Finca integral "La Yoandra" y ganadora de laTriple Corona de la Agricultura Urbana.

UNA RECETA DE... *Teresita*

Pie de coco

Ingredientes:
250g de harina de castilla
100g de mantequilla
½ taza de azúcar
1 huevo
2 tazas de dulce de coco
½ taza de leche o agua
1 pizca de sal

Procedimiento:

Unir la harina con la mantequilla, formar una boronilla; agregar el huevo, la leche, sal, y el azúcar. Formar una bola y dejar en reposo, tapada, por espacio de 20 min. Una vez pasado este tiempo; depositarla en la mesa, dividir la masa para hacer dos discos con ayuda de un rodillo enharinado. Se debe tener preparado el dulce de coco con carga, o sea, con un poco de harina diluida; espesar el dulce para compactarlo, se pone en el fondo del molde ya forrado con uno de los discos y encima; después se deposita el otro disco sin olvidar matar las dos caras, o sea; perforar las dos tapas para evitar crecimiento o abultamiento. Tener caliente el horno a temperatura media. Con el resto del huevo se pinta la superficie del pie y se colocan las decoraciones a gusto en su superficie. Se pone al horno hasta que se dore y se despegue del borde del molde.

El coco es una fruta rica en hierro y potasio, y en aquellas sales minerales que participan en la propia mineralización de los huesos, como el calcio, el fósforo o el magnesio.

También resulta interesante su contenido en fibra, lo que confiere propiedades laxantes. Las grasas saturadas favorecen la síntesis endógena de colesterol; no es aconsejable para diabéticos, cardiópatas, hipertensos y obesos.

Chef Teresita Castillo: Es miembro federativo de la Federación de Asociaciones Culinarias de la República de Cuba. Profesora de varios cursos de cocina de la culinaria. Recibió el certificado Chef Internacional que entrega la Federación de Asociaciones Culinarias de la República de Cuba y la Asociación Mundial de Chef. Comida favorita: Comida cubana, lasagna a lo cubano, panqué glaseado con merengue, acompañado de helado de vainilla.

UNA RECETA DE... **David**

Flan de coco

Ingredientes:
1 lata de leche en polvo
1 lata de azúcar
1 lata de agua
1 lata de dulce de coco
3 huevos
Una pizca de sal

Procedimiento:

Se mezclan todos los ingredientes y se incorporan en un molde acaramelado. Se coloca en la olla de presión a baño de María de 25 a 30 minutos. Se le introduce un cuchillo en el centro para saber si está listo, pues debe salir seco.

Los huevos han servido de alimento a los seres humanos prácticamente desde los orígenes de la civilización. Son una fuente importante de proteínas de alta calidad y se han utilizado como modelo comparativo o «proteína ideal» para la evaluación del valor biológico de la proteína de los alimentos.

David Blanco: Cantante, compositor, trompetista, tecladista, director musical, arreglista y productor musical. Posee una amplia y sólida formación teórica y técnica. Se ha presentado en escenarios de toda Cuba. A pesar de su juventud posee una amplia y variada actividad profesional, vinculada sobre todo a la música pop, rock, jazz, y la típicamente cubana y latina. Comida favorita: Arroz congrí, fricasé de pollo, plátano maduro sancochado y aguacate.

UNA RECETA DE... Mariela

Flan con un toque de canela y chocolate

Ingredientes:

3 huevos
1 lata de leche en polvo
1 lata de azúcar blanca
1 lata de agua
1 pizca de sal
Chocolate en polvo
Canela en polvo
2 cucharadas de azúcar para elaborar el caramelo

Procedimiento:

Se mezclan todos los ingredientes y se incorporan en un molde acaramelado. Se coloca en la olla de presión a baño de María de 25 a 30 minutos. Se le introduce un cuchillo en el centro para saber si está listo, pues debe salir seco.

El chocolate es uno de esos placeres de la gastronomía, el cual nos brinda una serie de beneficios y propiedades. Se compone de la mezcla de azúcar con dos componentes procedentes de la semilla del cacao: una materia sólida (la pasta del cacao) y una matera grasa (la manteca de cacao). Como consecuencia de esta mezcla del chocolate salen muchas variedades distintas y al combinarlos con otros productos como la leche o frutos secos, se elaboran las distintas clases como el chocolate blanco, chocolate negro, chocolate con leche.

Mariela Bejerano: Carismática y destacada actriz de la radio, cine y la televisión cubana.

UNA RECETA DE...

Indira y Chequera

Empanaditas de guayaba

Ingredientes:

1 latica de harina de castilla
1 taza de aceite Agua fría (para hacer la masa)
1 cucharadita de sal Media barra de guayaba cortada en trocitos pequeños.

Procedimiento:

En un recipiente grande incorporamos la harina de castilla, sal y mezclamos con la mano, para unir la sal con la harina. Luego le incorporamos aceite y mezclamos poco a poco. Cuando la masa hace peloticas entonces le incorporamos un poco de agua y luego seguimos mezclando con un poco más de aceite. Nos damos cuenta de que la masa está lista una vez que ya no se nos pegue en las manos. La dejamos reposar por 5 minutos aproximadamente. Pasado este tiempo, con la ayuda de un rodillo estiramos la masa y se conforman las empanaditas, y se rellenan con la guayaba. Se fríen en aceite caliente.

La guayaba es rica en vitaminas A, B y C. Tiene beneficios nutritivos ya que su pulpa es considerada ácida y ayuda a bajar los niveles de colesterol malo. Es la fruta más rica en vitamina C en nuestro medio y contiene 17,3 gramos de carbohidratos en 100 g del alimento. Su composición la convierte en el antigripal natural por excelencia. Las hojas y la corteza son astringentes intestinales, especialmente en las diarreas de los niños, pues son ricas en taninos.

Olivia Manrufo (Indira): Joven actriz y humorista, graduada de la Escuela Elemental de Ballet y Escuela Nacional de Arte en la especialidad de Teatro. Ha interpretado personajes en teleplays, cine y telenovelas. Comida favorita: Arroz blanco, picadillo, papas fritas y platanito fruta.

Mario Sardiñas (Chequera): Humorista que se inicia en el movimiento de aficionados. Ha obtenido varios premios en el Festival Aquelarre, Premio en Monólogo en el 2000, 2001,2003. Comida favorita: Arroz blanco, picadillo, boniato y frijoles negros.

UNA RECETA DE...
Mariela y Yeikel

Jugo de piña y coco

Ingredientes:
1 piña grande
3 tazas de coco molido fresco
3 tazas de agua (opcionalmente se puede emplear agua de coco)
Azúcar al gusto
3 ramitas de menta fresca

Procedimiento:

En una licuadora agregamos los trozos de piña fresca, el agua, azúcar y el coco. Licuamos para luego colar y servir. Si deseas puedes agregarle trocitos de hielo y servirlo en los cascarones del coco, también le puedes colocar ramitas de menta.

Mango: Es la fruta del corazón. Posee pro-vitamina A (betacarotenos), excelente para las cardiopatías. Es laxante y diurético. Asado con miel de abejas es expectorante.

Piña: Es la fruta desparasitadora. Rica en vitamina y fibra. Por la bromelina que contiene, estimula la digestión y la actividad del intestino delgado; es diurética, desintoxicante, normaliza la flora microbiana del colon, desinflama las hemorroides, previene y corrige el estreñimiento. El jugo de piña alivia infecciones de la laringe, faringe, boca, bronquitis y catarros.

Uva: Fruta rica en antioxidantes del grupo de los polifenales. Es recomendable para acidosis, artritis, reumatismo, gota, ciática, lumbago y cálculos de los riñones. Resvelatrol, protector cardiovascular.

Hortalizas

Las hortalizas y verduras frescas son alimentos que contribuyen a hidratar nuestro organismo por su alto contenido de agua, además de ser nutritivas y saludables. Son ricas en vitaminas, minerales, fibra y, en menor medida, en almidón y azúcares, hecho que explica su bajo aporte calórico. Son también una fuente indiscutible de sustancias de acción antioxidante. Por todo ello se consideran fundamentales para la salud e indispensables dentro del concepto de dieta equilibrada, cuyo modelo más representativo es la dieta mediterránea.

UNA RECETA DE... *Hani*

Ensalada fría de col

Ingredientes:
3 tazas de col cortada finamente
2 tazas de piña en almíbar
3 tazas de mayonesa
Opcionalmente, cebolla blanca, pollo o pescado Sal al gusto

Procedimiento:

Se mezclan todos los ingredientes; lo último que se agrega es la mayonesa, y se guarda en refrigeración. Se puede decorar con pimiento, albahaca, pepino, etc.

La col es una hortaliza del grupo de los crucíferos que contiene polifenales como glucosinolatos, indoles y sulfu-rafanos, con acciones anticancerígenas importantes. Brinda una cantidad importante de vitamina C y ácido fólico. Se le atribuye un efecto preventivo de las úlceras gástricas. Alimento muy adecuado para los regímenes de adelgazamiento.

Contiene muy pocas calorías y una elevadísima proporción de agua, por lo que sirve como diurético.

Hani Valero: De forma autodidacta estudió Teatro, Música, Actuación y Locución. Su rostro ha sido visto en aventuras, teleteatros, seriales televisivos y novelas. Comida favorita: Arroz blanco, bistec de cerdo, platanito fruta y enchilado de langosta.

UNA RECETA DE... Enrique

Berenjena rellena

Ingredientes:
1 berenjena grande
1 taza de atún
2 pimientos verdes
2 pimientos rojos
1 cebolla blanca
2 tazas de queso rallado
Sal al gusto

Procedimiento:

Después de pelada la berenjena la picamos a la mitad y le vamos haciendo un corte sin llegar al final, dejando una ranura para poder rellenarla. Le untamos sal y la dejamos reposar por 45 minutos, para desamargarla un poco. Luego se pasa por agua para eliminarle un poco la sal. Le incorporamos por cada ranura el atún; también se puede utilizar algún ahumado. Se le añade una tira de cebolla y por último se combina con las tiras de ají pimiento. Si se hace en el horno, se le puede agregar el queso por encima. En el microwave se le incorpora minutos antes de estar listo el plato para lograr que gratine. El tiempo de cocciòn es de 20 minutos. Se puede decorar con queso, ají pimiento, etc.

La berenjena contiene gran cantidad de agua, por lo cual es excelente como diurético. Actúa como desengrasante, por lo que es muy recomendable luego de consumir alimentos ricos en grasa. Tiene muy pocas calorías. Es antioxidante por la presencia de polifenales, antioxaninas y por su color morado; es preventiva de ciertos tipos de cáncer y enfermedades cardiacas. Machacada es excelente para colocarla sobre las quemaduras. Si se bebe medio litro de agua de berenjena por día durante una semana se disminuye el colesterol.

Enrique Bueno: Destacado y reconocido actor de la televisión y el teatro. Sus personajes han alcanzado gran popularidad en la teleaudiencia. Dentro del teatro ha abordado diversos estilos que van desde el clásico, costumbrista, contemporáneo e infantil, entre otros. En 2011 trabajó en el estreno mundial de la obra Cuatro menos, del dramaturgo Amado del Pino, cuyo texto obtuvo el premio Carlos Deniche. Comida favorita: Arroz blanco, tasajo y boniato hervido.

Los pimientos poseen una serie de propiedades beneficiosas para la salud consecuencia de su composición. Son
alimentos ricos en fibra, en vitaminas y antioxidantes, sobre
todo en vitamina C. Por su alto contenido en fibra hace que
el consumo de esta hortaliza de sensación de saciedad, siendo muy útil en dietas de control de peso.

UNA RECETA DE...

Yory y Osamu

Berenjena al curry

Ingredientes:

1 berenjena
2 cebollas cotadas finamente
5 dientes de ajo
Aceite
Sal a gusto
Curry en polvo
1 aji pimiento
Oregano en polvo
Opcionalmente queso para gratinar

Procedimiento:

Cortamos las berenjena en trozos y cocinamos por 30 minutos, luego se escurren para eliminar el agua. Se saltea con la cebolla, ajo, pimiento y sal a gusto. Luego se le agrega el curry y una vez servida se le incorpora el queso para que gratine.

Yoraisy Gómez: Reconocida actriz, humorista, conductora y cantante, demuestra talento y versatilidad en cada uno de los empenos que se propone.Comida favorita: Fricase de carnero con arroz blanco y platano frito.

Osamu Menéndez: Osamu Menéndez Santana, destacado joven compositor y cantante cubano, desciende de una familia muy ligada al arte. Comida favorita: Congris con masa de cerdo y tostones.

UNA RECETA DE... *Haila*

Crema de maíz

Ingredientes:

5 zanahorias grandes
4 cebollas blanca
230g de mantequilla
Una pizca de pimienta negra molida
Sal al gusto
2 cuadritos de pollo
5 tazas de granos de maíz dulce
2 latas de crema de leche
1 caja de leche evaporada
Opcionalmente, pan tostado
La cantidad de ingredientes varía según la cantidad de comensales.

Procedimiento:

En un recipiente echamos las zanahorias y las cebollas cortadas en ruedas. Luego se le añade la mantequilla, sal y los cuadritos de pollo, que se trituran con la mano. Una vez derretida la mantequilla y cocinadas la zanahoria y la cebolla, lo licuamos todo en la batidora después de que se haya enfriado. Aparte, batimos los granos de maíz con el agua del mismo y colamos. Luego mezclamos con la zanahoria y la cebolla ya licuadas. Se pone todo a cocinar a fuego lento y se le va incorporando la crema de leche y la leche evaporada. Se sirve caliente y, si se desea, se puede consumir con pan tostado.

Haila Maria Mompié: Derroche de cubania, con una voz llena de sentimiento y fuerza escénica indiscutible. Artista catalogada como una de las grandes intérpretes de nuestro país, fiel exponente del son cubano contemporáneo que ha alcanzado un gran prestigio dentro de la historia de la música popular. Comida favorita: Cocina Japonesa.

UNA RECETA DE... *Laura*

Vegetales salteados

Ingredientes:

2 zanahorias
3 pepinos
2 pimientos
4 tomates medianos
2 cebollas blancas cortadas en ruedas finas
Un trozo de mantequilla o 3 cucharadas de aceite
Sal al gusto
Una pizca de pimienta negra molida

Procedimiento:

Por separado, se cocinan las zanahorias, pepinos y pimientos y se cortan en trocitos. Se trocean los tomates también en cuadritos y la cebolla en ruedas finas. Se derrite la mantequilla y se le incorpora la cebolla. Se sofríe por cuatro minutos y se le unen poco a poco los demás ingredientes. Se saltean con la mantequilla todos los vegetales y se puntea con pimienta y sal al gusto, para luego servir y decorar con ramitas de albahaca u otra planta.

Laura Moras: Joven actriz que ha incursionado en la televisión, cine y teatro. Ha encarnado personajes que se han hecho acreedores de la simpatía popular. Comida favorita: Ravioles rellenos de queso con salsa de tomate natural picado en trocitos, con queso mozzarella.

La zanahoria es rica en betacarotenos, compuestos que el hígado transforma en vitamina A. Este aparece en frutas y verduras de color anaranjado y verde fuerte. El consumo habitual de la zanahoria ayuda a impedir o disminuir la toxicidad de las intoxicaciones alimentarias causadas por listeriosis. El zumo de esta hortaliza ayuda a eliminar las lombrices intestinales. Ingerir zanahorias favorece la regulación intestinal, previniendo la aparición del cáncer de colon o la diverticulosis, por la riqueza de fibra saludable como la pectina. Contiene vitamina C y hierro por lo que resulta muy adecuada para la salud infantil. Es muy útil para paliar la acción destructiva de los rayos ultravioletas, motivo por el cual forma parte de la composición de muchos filtros solares.

El maíz es un alimento que brinda energía; se incluye en el grupo de los cereales y viandas por la notable cantidad de carbohidratos (almidones) que posee. Su contenido de fibra ayuda a incrementar la sensación de saciedad y contribuye a combatir el estreñimiento.

La miel es un alimento natural, sano y nutritivo que proviene del néctar de las flores. La miel de abejas en 100g aporta 78 de carbohidratos, 20 mg de calcio, 16 de fósforo y las vitaminas del complejo B. Excelente energizante natural que mejora el decaimiento físico e intelectual. Sus beneficios sobre el sistema respiratorio son conocidos y es empleada para tratamiento de la tos y las bronquitis. Externamente se utiliza en pequeñas heridas y quemaduras, debido a sus propiedades antisépticas, por lo que evita las infecciones. Las mascarillas de miel mejoran la textura de la piel y son beneficiosas para controlar el acné.

UNA RECETA DE... **Mayco**

Ensalada de vegetales con miel

Ingredientes:

2 pimientos verdes o maduros
2 tomates maduros
2 cebollas blancas
2 tazas de col cortada finamente
1 tomate maduro para la decoración
2 cucharadas rasas de sal
1 cucharada de azúcar
4 cucharadas de vinagre
3 cucharadas de miel de abejas

Procedimiento:

Ponemos a hervir 4 tazas de agua, a las que se incorporan sal, azúcar, vinagre, miel de abejas y luego, los vegetales cortados finamente. Se cocinan durante 5 minutos; después se les bota el agua y se sirven en una fuente. Se decora con tomates. Se le puede incorporar por encima miel de abejas al gusto.

Mayco Marrero Arencibia: Joven cantante de balada pop. A pesar de no tener formación académica en la música, es capaz de interpretar numerosos ritmos. Ha compartido escenario con importantes figuras cubanas. Comida favorita: Arroz blanco con papas fritas y bistec de cerdo.

UNA RECETA DE...
Dayana y Rafa
Crema de calabaza

Ingredientes:
5 tazas de puré de calabaza
Ajo al gusto
Mantequilla al gusto
Sal al gusto
1 taza de leche
1 taza de queso rallado

Procedimiento:

En una batidora vertimos el puré de calabaza, la mantequilla, sal, leche, ajo y lo mezclamos todo. Luego servimos la crema resultante y le echamos por encima queso rallado.

El componente principal de la *calabaza* es el *agua,* lo que, unido a su bajo contenido en hidratos de carbono y a su casi inapreciable cantidad de grasa, hace que sea un alimento con un escaso aporte calórico. Es buena fuente de fibra y mejora el tránsito intestinal por la alta presencia de mucílagos. Estos son un tipo de fibra soluble que tiene la capacidad de suavizar las mucosas del tracto gastrointestinal. En 100g de este alimento se encuentran 10,55 mg de vitamina A; pobre en tiamina, 0,05mg, 0,04 de riboflavina, 0,6 de niacina y 42 de ácido ascórbico. Tiene un alto contenido en provitamina A (betacaroteno).

Dayana Soliño: Cantante y pianista. Ha formado parte de importantes orquestas. Se inicia como solista, compositora e intérprete. Comida favorita: Comida italiana.

Rafael Ernesto Hernández: Desde muy joven se inicia en la carrera de actor. Ha encarnado varios personajes en el espacio de aventuras, novelas, cine, y ha realizado numerosos videos clip musicales. Comida favorita: Potajes y filete mignon.

UNA RECETA DE... *Batlle*

Frituras de calabaza aromatizadas con albahaca

Ingredientes:

4 tazas de puré de calabaza
8 cucharadas de harina de castilla
Una pizca de sal
2 cucharadas de albahaca blanca cortada finamente
2 cucharadas de cebollino cortado finamente
2 huevos
Una taza de aceite para freir

Procedimiento:

Se mezcla el puré de calabaza con los demás ingredientes hasta lograr una masa espesa, y se fríe en aceite caliente. Es conveniente pasarlas por servilletas de papel para eliminarle un poco la grasa antes de consumirlas. Se pueden adornar con hojas de albahaca blanca.

Luis Ramón Battle: Recibió el certificado de Chef internacional que entrega la Federación de Asociaciones Culinarias de la República de Cuba y la Asociación Mundial de Chef. Es chef del Restaurante Divino. Comida favorita: Comida italiana y pollo con papas.

Las semillas de calabaza poseen una riqueza en aceites que aportan gran cantidad de calorías, por lo que debemos ser prudentes en su utilización, especialmente en casos de obesidad. Si se comen con mesura, pueden saciar el hambre. Es necesario considerar que las semillas de calabaza deben abrirse para comer su interior en el momento de la comida, dado que se ponen rancias con facilidad. Son reconstituyentes y abundantes en proteínas, zinc y otros minerales. Muy recomendadas para la próstata y para eliminar parásitos intestinales.

Viandas

Las viandas son alimentos básicamente energéticos, con muy bajo contenido de proteínas y otros nutrientes, por lo que necesitan complementarse satisfactoriamente con otros alimentos que contribuyan al balance adecuado de la dieta. Poseen un alto contenido de agua, por lo que ofrecen menor densidad de nutrientes. Son voluminosas, perecederas, lo que requiere procedimientos de distribución, comercialización y conservación adecuados. En mayor o menor medida tienen factores antinutricionales, que deben ser eliminados mediante diferentes procedimientos de cocción o elaboración.

UNA RECETA DE... *Yeikel*

Frituras de malanga aromatizadas con albahaca y ajo

Ingredientes:
5 malangas ralladas
4 dientes de ajo cortados finamente
1 ramita de albahaca blanca cortada finamente
Sal al gusto
1 huevo
1 taza de aceite
Opcionalmente; una ramita de albahaca para la decoración

Procedimiento:

Una vez rallada la malanga, le incorporamos la sal, el huevo y la albahaca cortada finamente hasta lograr una mezcla espesa. Luego la freímos por porciones en aceite caliente. Las podemos decorar con hojas de la misma planta.

Yeikel Santos Pérez: Graduado de Le Cordon Bleu, fue promotor del Proyecto Comunitario Vida Sana Aire Puro. Miembro de la Asociación Cubana de Técnicos Agrícolas y Forestales (ACTAF) e integrante del grupo de Jóvenes agro-ecólogos; miembro de la Asociación Cubana de Producción Animal (ACPA) y de la Organización Italiana Slow Food, colaborador de diferentes revistas con secciones de recetas de cocina. Conductor de programas de radio y TV en secciones de cocina. Comida favorita: Comida italiana, ensaladas de vegetales y jugos de frutas naturales.

La malanga es un alimento muy nutritivo y fácilmente digerible, por lo que se utiliza tradicionalmente en la dieta infantil y para alimentar a cualquier tipo de enfermo, especialmente a los que padecen de úlceras gástricas y a los convalecientes. Es principalmente energética, como las otras viandas. Las hojas de malanga son muy nutritivas, principalmente por su alto contenido en betacarotenos, vitaminas C y B2, y hierro.

UNA RECETA DE...
Yakarta

Boniatillo

Ingredientes:
3 tazas de puré de boniato
1 taza del agua de la cocción del boniato
1 cucharadita de canela en polvo
Azúcar al gusto
3 cucharadas de leche en polvo

Procedimiento:

Mezclar todos los ingredientes en la licuadora para luego cocinarlos por muy breve tiempo. Se sirve en una dulcera y se le polvorea canela.

El boniato es un alimento energético, agrupado dentro de las viandas. La variedad amarilla aporta mayor cantidad de betacarotenos. Posee bajo contenido graso y en mayor medida de vitamina E. Tiene más vitaminas que las papas y combina los valiosos antioxidantes con los minerales. Goza de propiedades terapéuticas y su consumo reduce el riesgo de sufrir cardiopatías, apoplejía, cataratas y ciertos tipos de cáncer. Al ser una excelente fuente de potasio ayuda a prevenir y regular la hipertensión arterial. Contiene poco hierro, en 100g, tanto la variedad pálida como la anaranjada aportan solo 1mg.

Luis Javier Prieto Cedeño (Yakarta): Carismático y talentoso joven que se inicia en el mundo de la música en el año 2009. A pesar de no tener formación académica, su vocación por la música y su dedicaciòn lo hacen una figura descollante dentro del reguetón. Comida favorita: Huevo frito, papas fritas, arroz blanco y ensalada de aguacate.

Carnes

Las carnes son alimentos que aportan a la dieta principalmente proteínas de alto valor biológico; importantes minerales como hierro y zinc, y vitaminas del complejo B, como B1 y B12. Además, suministran grasas, predominantemente saturadas, que no son beneficiosas para nuestra salud. Las carnes se clasifican en rojas y blancas. Las rojas más conocidas son las de res, cerdo, carnero, caballo y otros animales salvajes, como la jutia. Las carnes blancas mas conocidas son las de pollo, pavo, ganso y otras aves de corral, asi como el conejo, aunque también se consumen las carnes de iguana, rana, majá, entre otras.

Pescado y Mariscos

El pescado y el marisco son buenas fuentes de proteínas; vitaminas y minerales esenciales. Los mariscos prácticamente no tienen grasa (1-5%) y son una buena fuente de yodo (los de mar), necesaria para el correcto desarrollo. Son ricos en fósforo, potasio, calcio, sodio, magnesio, hierro, yodo y cloro. Los que más hierro aportan son las ostras, las almejas, las chirlas, los mejillones y los berberechos. En cuanto a las vitaminas, los mariscos aportan las del grupo B, especialmente B1, B2, B3 y B12; y en menor medida la A y D. Contiene colesterol, pero también ácidos grasos omega-3 y no perjudica el perfil de las grasas en la sangre a no ser que se consuma en exceso.

UNA RECETA DE... *Sucel*

Ceviche de Pescado

Ingredientes:
400 gr. de merluza en filetes (cualquier pescado blanco)
3 ramas de cilantro cortadas finamente
1 cebolla blanca o morada corta en juliana
1 pimiento rojo previamente asado y cortado en tiras
Sal
Pimienta
12 limones
Aceite de oliva

Procedimiento:

Cortamos los filetes de pescado en tiras de unos 3 cm. Las colocamos en un frasco de cristal de boca ancha. Le agregamos cebolla, cilantro y pimiento rojo y mezclamos bien. Salpimentamos al gusto. Extraemos el jugo de todos los limones para cubrir el pescado por completo y le agregamos el aceite de oliva. Tapamos el frasco y lo dejamos a temperatura ambiente por una hora para que se macere.

El ceviche es un plato que no sólo se come en el Perú sino también en muchos países de América Latina, como Chile, Costa Rica, Colombia, Ecuador, El Salvador, Guatemala, Honduras, México, Nicaragua, Panamá y Puerto Rico. Sin embargo muchas hipótesis coinciden en que el original es el Ceviche Peruano.

Chef Sucel Molina: Es miembro federativo de la Federación de Asociaciones Culinarias de la República de Cuba.

El curry es una mezcla basada en diferentes especias que se utilizan en la India (masala), para guisos o estofados con salsa; asimismo, se refiere a los platos preparados con esa salsa.

UNA RECETA DE... *Raúl*

Pollo con leche de coco y curry

Ingredientes:

1 pechuga de pollo
1 taza de leche de coco
2 tomates cortados en tiras finas sin semillas
1 taza de coco rallado
3 cebollas blancas o moradas
1 cucharada de curry
1 cucharada de jengibre
Una ramita de cilantro y albahaca
Sal al gusto

Procedimiento:

Cortamos la pechuga de pollo en trozos pequeños y salteamos con tres cebollas cortadas en ruedas; luego le incorporamos el curry, jengibre y la leche de coco. Lo cocinamos y ya casi terminado se le agrega el coco rallado. Se sirve en una fuente y se le incorporan las plantas cortadas finamente y el tomate en tiras.

Raúl Paz: Una de las figuras más destacadas de la música tecno pop, rock, trova, pop y fusión. Su música ha viajado por diversos escenarios. Posee una excelente y melodiosa voz. Comida favorita: La asiática, especialmente el sushi.

UNA RECETA DE... *Niurka*

Pollo a la barbacoa

Ingredientes:
2 postas de pollo sin la piel
3 cebollas blancas
Una cucharada de orégano en polvo
Salsa china al gusto
Mantequilla al gusto
1 taza de agua

Procedimiento:

Derretimos un trozo de mantequilla en la olla de presión para luego incorporarle las postas de pollo con dos cebollas cortadas en ruedas. Después de agregarle más mantequilla por encima al pollo y la cebolla se le adiciona la salsa china. Se le puede agregar una taza de agua y si se desea, también papa. Se pone a fuego lento hasta lograr que coja presión y se cocine. Una vez terminado, se echa más cebolla para luego adornar el plato.

La cebolla es un excelente diurético que tiene acción depurativa respecto a los cloruros y al nitrógeno. Tiene un efecto calmante y previene el mareo. Sus enzimas favorecen la fijación de oxígeno por parte de las células. Reduce los niveles elevados de presión sanguínea o hipertensión por su contenido de potasio. Combate eficazmente la gripe, las pulmonías y el resfriado. Reduce el crecimiento de las células cancerígenas, especialmente del cáncer de colon. Tiene poderosas propiedades desintoxicantes. Contrarresta el insomnio. Tiene un alto contenido de vitaminas A, B, B6 y C, y la parte blanca contiene también calcio. Acelera la circulación de la sangre y absorbe vitamina B1, lo que ayuda a reducir el estrés y la fatiga. Interviene en la síntesis de broncodilatadores, por lo que se le atribuyen propiedades antiasmáticas y expectorantes. Estimula las secreciones de las enzimas gástricas, por lo que contribuye al proceso de la digestión. Los colores dorados y rojos de la cebolla se deben a la presencia de antioxidantes y polifenales, del grupo de las antiocianinas.

Niurka Reyes: Cantante dotada de una voz especial, con un registro muy amplio, que le permite incursionar, siempre con resultados artísticos superiores, en los diversos géneros que domina y que ha incluido en su amplio repertorio. Comida favorita: La cubana, muy especialmente los tamales.

UNA RECETA DE... *Arletty*

Pollo a lo Roquefuentes

Ingredientes:
*3 tazas de papa cocida cortada en
dados pequeños
2 cebollas blancas
1 taza de harina de castilla
Sal al gusto
1 cucharada de mantequilla
1caja de leche evaporada
½ taza de vino seco
1 taza de aceite
5 muslos de pollo*

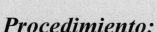

Procedimiento:

El día anterior adobamos los muslos de pollo; les incorporamos, la cebolla, la leche evaporada y la sal. Al día siguiente cocinamos las papas en cuadritos con sal. Escurrimos el pollo y lo pasamos por harina de castilla. Los freímos y colocamos en la olla de presión con las papas, cebolla, leche y mantequilla de 9 a 10 minutos, con la válvula. Pasado ese tiempo, esperamos que suelte la presión, le adicionamos el vino seco y le damos de 3 a 4 minutos más.

La papa es un alimento que aporta principalmente energía a la dieta en forma de carbohidratos complejos o almidones, ya que el contenido de proteínas y grasas es bajo. Sin embargo, a pesar de presentar, en general, bajos contenidos de vitaminas y minerales, el valor nutritivo de la papa adquirió merecida fama en siglos pasados por su riqueza en vitamina C, que le confería propiedades antiescorbúticas. Es bueno insistir en que esta vitamina y otros nutrientes se concentran en la periferia del tubérculo, por lo que no deben pelarse profundamente.

Arletty Roquefuentes: Carismática conductora; actriz de radio y televisión. Obtuvo el Premio de Artista de Mérito. Comida favorita: La cubana, pero también la italiana y china.

UNA RECETA DE... *Yoel*

Chilindrón de chivo a la guantanamera

Ingredientes:

1 pierna de chivo para cuatro raciones
1 cabeza de ajo
1 libra de cebolla
Pimienta negra al gusto
Una taza de puré de tomate
Una cerveza o una taza de vino seco
Sal al gusto
Una taza de aceite
Tres naranjas agrias
4 tomates cortados en trozos pequeños
2 tomates para la decoración del plato

Procedimiento:

Hervir agua; cuando esté hirviendo echar la carne de chivo, sacarlo, escurrirlo y lavarlo con agua del tiempo. Poner en una olla aceite, ajo, tomate, cebolla, pimienta, puré de tomate y la carne con sal y naranja agria. Sofreír todo. Cubrir con vino seco o cerveza y poner presión de 15 a 20 minutos.

El ajo ayuda a combatir un buen número de hongos, bacterias y virus. Reduce la presión arterial y el colesterol. Ayuda a disminuir el bloqueo de las arterias y a reparar los daños causados por la ateroesclerosis. Previene y alivia la claudicación intermitente (dolor en las piernas). Actúa como antinflamatorio. Su uso prolongado disminuye la aparición de ciertos tipos de cáncer. Ayuda a incrementar el nivel de insulina en el cuerpo, reduciendo así los niveles de azúcar en la sangre. Algunos estudios parecen demostrar que el ajo incrementa ligeramente el nivel de serotonina en el cerebro ayudando a combatir el estrés y la depresión.

Yoel Martínez: Joven que con talento y con deseos de trascender ha triunfado en la escena musical. Fundador del dúo Buena Fe, interpreta canciones muy inteligentes. Comida favorita: Arroz, frijoles, costilla de cerdo frita o en salsa.

UNA RECETA DE... *Silvino*

Chop suey de pollo

Ingredientes:

230g de pollo troceado
sin la piel
58g de frijolitos chinos
115g de acelga
1 pimiento rojo
1 pimiento verde
1 cebolla blanca
5g de jengibre
1 pizca de michín
1 cucharadita de maicena
3 dientes de ajo
10g de azúcar
1 pizca de sal
1 pizca de pimienta blanca
15g de cebollino
1 cucharada de salsa china
58g de aceite
58 g de caldo de pollo

Procedimiento:

Salpimentamos la carne de pollo con la sal y la pimienta blanca, luego le incorporamos la maicena y mezclamos. En la sartén, adicionamos aceite y sofreímos la carne. Luego lo hacemos con la cebolla, pimiento, acelga, cebollino, michín, azúcar y le suministramos el caldo de pollo; después la salsa china y al final los frijolitos chinos.

La acelga es una verdura muy apreciada ya que aporta vitaminas, fibra, ácido fólico y sales minerales con un alto contenido de agua (48%). Las hojas exteriores, que suelen ser las más verdes, son las que contienen mayor cantidad de vitaminas y carotenos. El jugo contiene hasta un 27% de sacarosa, además de poseer gran cantidad de ácidos orgánicos y azúcares.

Silvino Hernández: Miembro Fundador de la Federación de Asociaciones Culinarias de la República de Cuba. Chef del Restaurante La flor de Loto. Recibió el certificado de Chef Internacional que entrega la Federación de Asociaciones Culinarias de la República de Cuba y la Asociación Mundial de Chef. Comida favorita: Tallullo de maíz tierno.

UNA RECETA DE... *Yuly*

Camarones al ajillo

Ingredientes:
½ cabeza de ajo
2 ají picantes
1 taza de aceite de oliva
1 taza de camarones limpios
½ taza de cognat o whisky
Sal al gusto
Pan para acompañar con la salsa

Procedimiento:

Se sofríen en aceite el ajo y el ají picante. Luego se incorporan los camarones y casi al final el cognat o whisky. Se sirve y adorna con cebollino y ají pimiento. Se acompaña con pan.

Los camarones pertenecen al grupo de los crustáceos dentro de los mariscos. Alimento que presenta un nivel muy bajo en grasas y calorías, comparado con la carne de pollo, res o cerdo. Contiene niveles medios elevados de colesterol, y entre sus componentes encontramos carotenos, betacarotenos, omega3, provitamina A y buenos antioxidantes.

Yuleisy Grendge Rodríguez: Graduada en Guitarra, siempre se inclinó por la percusión. Ha formado parte de otras agrupaciones y hoy cuenta con su propio proyecto, siendo la percusionista y directora de la agrupación Habana C. Comida favorita: La italiana.

Pastas

Las pastas alimenticias son elaboradas a partir de los cereales. Son el producto obtenido por desecación de una masa no fermentada, confeccionada con harinas, sémolas finas o semolinas, procedentes de trigo duro o recio (tritícum durum) o trigo candeal (tritícum vulgare) o sus mezclas, agua potable y sal. Son altamente energéticas, proporcionando 360 calorías por cada 100 gramos cuando son sin huevo, y unas 385 si son elaboradas con él. Tienen un predominio del 5 al 10% de sales ácidas. El gluten de la harina forma con el agua una masa que envuelve el almidón y da consistencia a la pasta. Una vez amasada esta, se corta en trozos de forma y tamaño variables, que se desecan por evaporación, dando lugar a la gran variedad de estas pastas: fideos, macarrones, tallarines, galets, letras, estrellas, maravilla y otras pastas para sopa, canelones, raviolis, entre otras. Alimento simple, que no exige manipulaciones ni aderezos culinarios complicados; es una combinación armónica de productos indispensables para la vida, el esfuerzo y el crecimiento. Las pastas de todas clases, en 100g contienen 12mg de tiamina y 0,08 de riboflavina. Permiten de una manera económica, simple y rápida, a toda persona que realiza fuertes trabajos neuromusculares, disponer en algunos minutos de un interesante aporte energético, puesto que sus hidratos de carbono son fácilmente asimilados sin fatiga para el estómago y sin que los intestinos ni el hígado tengan que hacer ningún esfuerzo para ello, gracias a su débil contenido en grasas. Aportan, en cambio, suficientes proteínas para poder prescindir, por lo menos de vez en cuando, de platos cárnicos.

El tomate es una fuente interesante de fibra, minerales como el potasio y el fósforo; y de vitaminas, entre las que destacan la C, E, provitamina A y vitaminas del grupo B, en especial B1 y niacina. Además, presenta un alto contenido en carotenos como el licopeno, pigmento natural que aporta al tomate su color rojo característico. El alto contenido en vitaminas C y E y la presencia de carotenos en el tomate; lo convierten en una importante fuente de antioxidantes, sustancias con función protectora de nuestro organismo.

UNA RECETA DE...
Baby Lores

Espaguetis a lo Lores

Ingredientes:
1 paquete de espaguetis
1 taza de puré de tomate
2 tazas de queso rallado
1 pimiento cortado en dados pequeños
2 tomates maduros cortados en cuadritos
Sal al gusto

Procedimiento:

Cocinamos los espaguetis por 15 minutos aproximada-mente. En una sartén incorporamos la mantequilla y sofreímos por poco tiempo el tomate natural y los condi-mentos, para luego, una vez cocinados los espaguetis los echamos en la sartén. Ya servidos, les rociamos por encima el queso rallado.

73

Yoandys Lores (Baby Lores): Se mantiene como unos de los intérpretes más difundidos en nuestro país. Su trabajo musical y su figura han sido descollantes a lo largo de su trayectoria como vocalista, arreglista, guitarrista, bajista y director musical. Ha compartido escenario con importantes músicos. Comida favorita: Arroz, frijoles negros, yuca y bistec de cerdo.

UNA RECETA DE... *Alejandro*

Espaguetis Socorro

Ingredientes:
1 paquete de espaguetis
2 tazas de media crema
2 tazas de queso rallado
Sal al gusto
Orégano y albahaca para la decoración

Procedimiento:

Una vez que estén listos los espaguetis se desecha el agua. En una sartén se incorpora la media crema y algo de queso, se cocina durante poco tiempo y se agrega a los espaguetis. Le echamos por encima queso rallado. Decoramos con ramitas de albahaca u orégano. Se consume caliente.

El queso es un alimento sólido elaborado a partir de la leche cuajada de vaca, cabra, oveja, búfala u otros mamíferos rumiantes. Tiene un alto contenido de grasas saturadas.

Es uno de los alimentos con más alto contenido en calcio y fósforo así como de caseína y otras proteínas.

Alejandro Socorro: A los 14 años se presenta a las pruebas de Actuación en la ENA. Posteriormente comienza a trabajar con la compañía Rita Montaner. Ha realizado varios teleplays, novelas, series policiacas, entre otros. Comida favorita: Arroz congrí, bistec de cerdo y ensalada.

UNA RECETA DE... *Lynn*

Pasta blanca

Ingredientes:
1 paquete de espaguetis
1 lata de media crema
1 caldito de pollo
1 sobrecito de pasta rica de queso
Un trozo de margarina
3 hojas de orégano de la tierra cortadas finamente
2 cucharadas de aceite

Procedimiento:

Mientras se cocinan los espaguetis se hace la salsa. En la salten se derrite la margarina, se tritura el caldito de pollo, se le incorpora la media crema y se mezcla, para luego agregarle el queso rallado, el orégano y el sobrecito de pasta rica, y se le incorpora más sal si es necesario. En la misma sartén donde se preparó la salsa, se incorporan los espaguetis ya colados y al dente. Se sirven en una fuente. Se pueden decorar con hojas de orégano.

El orégano en la cocina, sea seco o verde, se utiliza como aromatizante para condimentar guisos. Resulta muy aromático y refrescante en ensaladas, y les da muy buen sabor a las carnes, los pescados, arroces y aves. Entre otras propiedades, se le atribuyen virtudes afrodisiacas. Muy utilizado en la cocina India.

Lynn Milanés: Joven cantante con una gran voz y melodía. Graduada en la especialidad de Flauta. Ha participado en diferentes producciones conjuntamente con músicos muy importantes del país. Comida favorita: Sushi, el ajiaco cubano y pastas italianas con salsa.

Oleaginosas

Las plantas oleaginosas son especies de cuya semilla o fruto puede extraerse aceite, en algunos casos comestible y en otros casos de uso industrial. Las más cultivadas son el ajonjolí y el sésamo. Cada planta, a su vez, puede tener otros usos económicos, como el lino, del que pueden extraerse fibras textiles, harinas y semillas alimenticias; la soja y el maní, cuyos frutos o semillas también pueden ser comidos; o el nogal, del que puede extraerse también madera. Otras plantas oleaginosas son el cártamo, el olivo, el ricino, la jojoba, el tung y el almendro.El aceite de soja es el de mayor producción mundial, seguido del aceite de palma.

El maní es una oleaginosa, que aporta energía por su alto contenido en grasas. Posee numerosas propiedades beneficiosas para la salud. Es altamente rico en antioxidantes necesarios para proteger al organismo de padecimientos asociados a las enfermedades coronarias o al cáncer. Contiene minerales muy importantes para el cuerpo. Entre los más significativos están el potasio, sodio, hierro, calcio, magnesio, flúor, zinc, cobre y selenio, porque colaboran en la conformación ósea, funciones del cerebro, formación de dientes sanos, y principalmente en la prevención de agentes anticancerígenos. Contiene vitaminas E, B1, B2, B3 y B6, además de folatos, fundamentales en la formación del tubo neural de los embriones.

Heidi y Yadier

Arroz con maní

Ingredientes:
3 latas de arroz
3 latas de maní cocido
3 latas de agua de la cocción del maní
1 cuadrito de pollo con tomate
Una pizca de comino en polvo
Una pizca de orégano en polvo
Media taza de puré de tomate
Media taza de aceite
1 cebolla cortada finamente
1 ají pimiento
Vino seco al gusto
1 cabeza de ajo pequeña
Sal al gusto
Opcionalmente, carne de cerdo, pollo o perro caliente

Procedimiento:

En una sartén se sofríe el maní. Luego se incorpora el cuadrito de pollo, comino, orégano, puré de tomate, aceite, cebolla, sal, ají pimiento, ajo cortado finamente y cocinamos hasta lograr un sofrito. Luego de tener el arroz lavado, se incorpora en la olla arrocera con el sofrito y las tres latas del agua de la cocción del maní. Luego podemos incorporarle, además, vino seco. Este arroz se puede acompañar con una ensalada de estación y plátanos fritos.

Heidi González: Popular actriz que ha dado vida a personajes en el cine, teatro y televisión. A pesar de su aún corta carrera profesional figura hoy entre las jóvenes más cotizadas dentro de la escena nacional. Comida favorita: Pastas.

Yadier Fernández: Destacado actor con reconocidas actuaciones en cine, teatro y televisión. Desde su aparición por primera vez en la televisión ha desarrollado con mucho talento una carrera muy prolifera en casi todos los medios. Comida favorita: Potajes y todo lo que venga del mar.

Especias

Las especias, también llamadas condimentos, es el nombre dado a ciertos aromatizantes de origen vegetal, que se usan para preservar o sazonar los alimentos. Técnicamente se considera especia a las partes duras, como las semillas o cortezas, de ciertas plantas aromáticas, aunque por similitud, muchas veces también se engloba a las fragantes hojas de algunas plantas. Son nativas de las regiones tropicales de Asia, y de las islas Molucas en Indonesia, también conocidas como islas de las Especias. Debido a sus propiedades aromatizantes es posible que alimentos insípidos o desagradables, aunque muchas veces nutritivos, pasen a ser sabrosos sin perder sus propiedades nutritivas. Muchas de ellas deben tomarse con precaución ya que pueden resultar tóxicas en concentraciones elevadas. Algunas presentan compuestos incapaces de ser absorbidos por el organismo y se eliminan directamente; otros son destruidos por las propias enzimas digestivas. Su gran capacidad para potenciar el sabor permite que se consigan grandes efectos aromáticos en los alimentos, con cantidades muy pequeñas. No suelen presentar aportes nutricionales, salvo raros casos en los que hay minerales, como calcio o hierro, o alguna vitamina. Muchas veces suele ser importante el efecto que tienen sobre el apetito.

La nuez moscada es una especia muy aromática, con sabor picante y dulce, por ello deber usarse con moderación. Posee un gusto y un aroma semejantes. De ella utilizamos la baya seca para rallar o el polvo de bayas. Puede añadirse tanto a platos dulces, como a bebidas y salsas.

UNA RECETA DE... **Patricio**

Buñuelos daneses

Ingredientes:
2 cucharadas de azúcar blanca
2 cucharadas de aceite
1 huevo pequeño
5 cucharadas de harina de castilla
3 cucharadas de licor o ron
1 pizca de sal
1 pizca de nuez moscada
1 cucharadita de polvo de hornear
1 taza de azúcar lustre
Media taza de aceite para freír

Procedimiento:

En un recipiente incorporamos el azúcar y aceite, que mezclamos con la ayuda de un tenedor. Déspues agregamos el huevo, la harina, el licor, la nuez moscada y el polvo de hornear, hasta conseguir una masa que no se nos pegue en la mano. Si es necesario, le vamos incorporando más aceite y harina. Con un rodillo o una botella limpia; estiramos bien la masa, para luego picarla y freírla en aceite caliente. Fritos los buñuelos, les incorporamos por encima azúcar lustre, que no es más que el azúcar blanca pasada por la batidora hasta lograr un polvo fino.

Patricio Amaro: Una de las voces jóvenes del pop cubano dotada de un amplio registro vocal, que combina con melodías contagiosas y un halo poético que resalta en cada uno de sus temas. Su carrera se vincula con una amplia participación en los medios masivos de difusión. Comida favorita: Pastas varillas al dente con aceite de oliva y queso parmesano.

UNA RECETA DE... *Dayani*

Vinagre aromatizado

Ingredientes:
1 botella de vinagre puro
1 mazo de ajo de montaña
4 ramitas de orégano de la tierra
3 ramitas de orégano cimarrón
8 hojas de culantro
3 ramitas de mejorana
4 ramitas de romero

Procedimiento:

En una botella de cristal limpia y esterilizada se introducen las plantas previamente lavadas y se cubren con el vinagre puro. Si se desea se pueden cortar finamente las plantas. Luego se le coloca una etiqueta con el nombre del producto, se le pone a la tapa una tela para darle un toque decorativo. Se guarda en un lugar fresco y se le da de 15 a 20 días para lograr aromatizar el vinagre con las plantas. Se puede emplear en frijoles, potajes, ensaladas, entre otros platos.

El vinagre posee propiedades medicinales. Actúa contra la hinchazón de la piel provocada por la picadura de algunos insectos. En el baño, suaviza la piel, calma los músculos adoloridos y alivia las irritaciones de la piel producidas por quemaduras.

Dayani Lozano : Una de las cantantes que con más éxito se mueve por las líneas del pop. Ha realizado la conducción de programas, sobre todo musicales. Posee un hermoso timbre vocal que la hace merecedora de la preferencia popular. Comida favorita: Ensalada César y pescados.

UNA RECETA DE... Made

Aliño crudo de vegetales

Ingredientes:
2 cucharadas de cebolla
1 cucharada de cebollino
1 cucharada de ajo
1 cucharada de ají pimiento
1 tomate
1 limón
Sal
Aceite

Procedimiento:

Se mezclan todos los ingredientes menos el aceite y el jugo del limón, que se incorpora al final de la preparación.

Aliño con un toque habanero

Ingredientes:
2 cucharadas de jengibre
1cucharada de cebolla
Vinagre
1 cucharada de salsa china
4 cucharadas de miel
de abejas
Aceite
Sal

Procedimiento:

Se mezcla el jengibre con la cebolla, miel de abejas y salsa china. Por último se incorpora el aceite, vinagre y la sal.

Aderezo para frutas

Ingredientes:
Zumo de limón
Hojas de menta o
hierba buena
Sal
Miel de abejas

Procedimiento:

Se macera la menta con la sal, luego se añade el zumo de limón y se mezcla con la miel de abejas.

El aliño más usual es la vinagreta, compuesta básicamente por cuatro partes de aceite por cada una de vinagre (tres partes de aceite si el vinagre es muy suave) y sal, emulsionados con las varillas para que formen un todo homogéneo. Si queremos aliñar igualmente con sal, vinagre y aceite, es precisamente éste el orden que debemos seguir para que la sal y el vinagre penetren en los alimentos, dándoles sabor, antes de que el aceite (siempre de oliva, por supuesto) los cubra.

Madelaine Vazquez: Graduada en tecnologia y orniza-cion de la alimentacion social. Conductora por muchos anos del programa de cocina de la tv cubana Con Sabor ,autora de diferentes libros de cocina y consejera de Slow Food. Comi-da Favorita: Tamal en cazuela.

Leche

L a leche es un alimento básico que tiene la función primordial de satisfacer los requerimientos nutricionales del recién nacido; lo consigue, gracias a su mezcla en equilibrio de proteínas, grasa, carbohidratos, sales y otros componentes menores dispersos en agua. Nutricionalmente presenta una amplia gama de nutrientes (de los que el hierro y la vitamina C están a niveles deficitarios) y un alto aporte nutricional en relación con el contenido en calorías. Los productos lácteos derivados pueden cubrir tanto diferentes hábitos de consumo como muy distintos usos de interés nutricional.

UNA RECETA DE... Edith

Tarta helada de leches con galletas y limón

Ingredientes:

1 lata de leche condensada
1 lata de leche evaporada
1 taza de jugo de limón
Galletas dulces (preferiblemente las galletas María)

Procedimiento:

Se vierte en una licuadora la leche condensada junto a la evaporada. Mientras se va licuando se le incorpora el jugo de limón hasta lograr mezclarlo todo. En una fuente de cristal se coloca en el fondo una capa de galleticas, se agrega por encima la crema, luego se coloca otra capa de galleticas y así sucesivamente y se le pone al final una capa más de galleticas. Se guarda en el congelador hasta lograr que se ponga duro y se enfríe.

Los nutrientes de la leche condensada —al estar compuesta por poca agua debido a su proceso de elaboración— están concentrados, lo que aumenta en gran medida su proporción. La leche condensada contiene diversas vitaminas (A, D, ácido fólico) y minerales (calcio, fósforo, zinc y magnesio). Se puede hacer en casa: Mezcla 250g de leche en polvo con 250 de azúcar blanca y 125 de agua.Coloque a baño de Marìa de 15 a 20 minutos.

Edith Massola: Una de las más carismáticas conductoras. Posee el don de desdoblarse magistralmente para realizar cualquier caracterización. Muy versátil; baila, canta, lo mismo podemos disfrutarla en el cine, en una serie dramatizada o encarnando un personaje humorístico. Comida favorita: Arroz imperial y pollo asado.

UNA RECETA DE...
Juan Guillermo
Natilla con caramelo

Ingredientes:
1 litro de leche
4 cucharadas de maicena
1 taza de azúcar
4 yemas de huevo
1/8 cucharadita de sal
1 ramita de canela
1 cucharada de vainilla
para aromatizar
1 taza de caramelo

Procedimiento:

Se unen las yemas de huevo con el azúcar y la maicena. Se agrega la leche poco a poco para evitar grumos. Se pone a fuego lento, moviendo constantemente hasta que tenga el espesor deseado. Al bajarlo del fuego se agrega la vainilla. Una vez servida en una fuente se le incorpora el caramelo por encima.

La canela, en rama o en polvo, puede añadirse a pastas, pasteles, compotas, arroz, carne, ensaladas de frutas, verduras, frutas cocidas y asadas. Sirve igualmente para platos dulces, como la tarta de manzana con canela, las natillas o los helados. Igualmente combina muy bien con algunas bebidas, como la sangría o el chocolate caliente. Puede utilizarse para aromatizar la leche o el té. Es una especie que se utiliza habitualmente en la cocina de la India, México, China, sur de Estados Unidos, América central y sureste de Asia.

Juan Guillermo (JG): Graduado en Derecho, estudió Música y Canto de forma autodicacta. Formó parte de la agrupación Gente de Zona. En 2009 formó su orquesta. Ha compartido escenario con importantes músicos cubanos. Comida favorita: Espaguetis a la carbonara.

Vino

Es considerado un alimento completo, fuente de energía fácil de asimilar. Contiene vitaminas como la A, C y varias del complejo B como biotina, cianocobalamina, ácido fólico, ácido nicotínico y tiamina, entre otras. Posee pequeñas cantidades de hierro. Por otra parte, la riqueza de manganeso y vitamina B hacen del vino un antialérgico. Reduce el riesgo de contraer cáncer pues contiene sustancias que activan la respiración celular. Estimula la segregación de los jugos gástricos. Es particularmente indicado con las carnes y pescados, pues facilita el proceso digestivo. Actúa sobre las fibras lisas de la musculatura intestinal y aumenta así las propiedades peristálticas, siendo un medio suplementario para evitar el riesgo de constipación. Acelera la depuración del colesterol, reduce el riesgo de los accidentes cerebro-vasculares isquémicos, destruye las molestias de las artritis y evita las oleadas de calor en la menopausia. El vino tinto es rico en polifenales, con potentes acciones antioxidantes debido al Resveratrol que le confiere protección cardiovascular, pero siempre contiene alcohol, por lo que no deben tomarse más de dos copas medianas al día.

UNA RECETA DE...
Blanca Rosa

Tinto de verano

Ingredientes:
1 pomo de refresco de limón
1 botella de vino tinto
Trocitos de hielo al gusto
½ taza de jugo de limón

Azúcar al gusto

Procedimiento:

En una jarra incorporamos el vino, luego el refresco, jugo de limón y por último el azúcar. Mezclamos todos los ingredientes y servimos con algunos trocitos de hielo.

Si deseas almacenar algunas **botellas de vino** tienes que tener en cuenta que estas se colocan en posición horizontal y que la temperatura debe ser fresca y constante, sin bruscos cambios y poca luz.

Blanca Rosa Blanco: Excelente actriz. Poseé una gran fuerza interior que le imprime a cada personaje que interpreta. Ha transitado por el teatro, la televisión y el cine. Su gran desempeño, entrega y dedicación hacen que goce, además, de un gran reconocimiento popular. Comida favorita: Paellas valencianas con conejo, pollo o costilla de cerdo. También los arroces.

Hábitos higiénico-sanitarios correctos de los manipuladores de alimentos:

- No fumar ni andar con dinero en el área de manipulación.

- No hablar cerca de los alimentos, toser ni estornudar sobre los mismos.

- Lavarse correctamente las manos.

- No deben manipular los alimentos personas enfermas, con afecciones de la piel o de transmisión digestiva.

- Garantizar las condiciones higiénicas de las cocinas y de las superficies en contacto con los alimentos durante el procesamiento de los mismos.

- No introducir los dedos en los vasos o tocar los alimentos preparados.

- No almacenar objetos de uso personal en áreas donde estén expuestos los alimentos.

Higiene personal adecuada del manipulador de alimentos:

- Uñas sanas, cortas y limpias.

- Ropas limpias y apropiadas para la actividad que realiza.

- Cabello recogido.

- Limpieza personal adecuada.

- Lavado correcto de las manos.

Técnicas correctas del lavado de las manos:

- Enjabonarse cuidadosamente las manos y antebrazos.

- Cepillarse las manos, las uñas y hacer énfasis en la zona situada entre los dedos y uñas.

- Enjuagarse con abundante agua limpia para eliminar el jabón.

- Secarse totalmente de forma esponjeada y secado a vapor.

Lavado correcto de las manos:

- Antes de iniciar la preparación de los alimentos.

- Después de usar los servicios sanitarios.

- Después de manipular materiales contaminados (dinero, basura, cajones, pañuelos, entre otros).

- Después de tocarse el cabello, nariz u otra parte del cuerpo.

- Después de tocar superficies sucias.

- Tantas veces como sea necesario.

Correcta selección de frutas y vegetales:

- Que no posean síntomas de hongos y podredumbre.

- Que no posean daños mecánicos.

- Que no estén demasiado maduras.

Secretos de cocina

-   Las recetas que llevan fécula o almidón de maíz, pueden ser reemplazadas por la misma cantidad de harina.

-   Las marinadas en general, deben ser conservadas en el refrigerador. (A temperatura ambiente los alimentos generan bacterias.)

-   Para sacarse el olor a ajo de las manos, pasarlas por el chorro de agua fría por un ratito sin frotar y sin usar jabón.

-   Para suavizar el sabor del ajo, solo hay que darle un golpe de hervor antes de empezar a preparar el plato. El gusto es menos fuerte y es más fácil de digerir.

-   Para que el perejil luzca fresco, sumergirlo en un recipiente con agua fría con los tallos hacia arriba y dejarlo en el refrigerador hasta el momento de usar.

-   Para que las salsas que llevan aceite no se corten, no se deben recocinar y salar hasta el final.

-   Para quitarse el color de la remolacha de las manos, se debe usar partes iguales de azúcar, aceite y jugo de limón. Frotarse y enjuagar con agua tibia y luego fría.

-   Para recuperar el pan que quedó del día anterior y se nota gomoso, pasarlo bajo la pila de agua fría y colocarlo en el horno.

-   Para las marinadas, hacerlas en un recipiente que no reaccione contra los ácidos. Evitar el metal. Los recipientes de cerámica, vidrio o barro son los ideales. Una marinada lleva tiempo de descanso y el material donde se realiza puede llegar a ser tóxico para el alimento.

- Las frituras no son buenas si el aceite está usado o la temperatura no es la adecuada. Si el aceite es nuevo y la temperatura no supera los 180° no hay problema.

Las carnes

- Cualquier tipo de carnes debe desgrasarse antes de su cocción para cualquier dieta.

- Para que las carnes no se sequen y no pierdan sus jugos se les debe "sellar". Para esto, se calienta a fuego fuerte una sartén lubricada con alguna materia grasa (aceite o manteca) y se dora el corte de carne por todos sus lados. Después se continuará con la cocción.

- Para evitar el consumo excesivo de sodio, se debe salar la comida una vez terminada su cocción.

- Para preparar pucheros y/o sopas con carne, la misma debe colocarse en una olla con agua fría. En cambio para que una carne sea sabrosa se coloca en agua hirviendo con un ramito de hierbas y sal hasta finalizar su cocción.

- El asado hecho en un buen carbón de leña tiene un sabor especial porque al hacer humo, impregna la carne que se está asando.

- Para hacer un pollo a la parrilla, se abre por la mitad a lo largo, pero dejándolo unido en el espinazo; se coloca sobre el fuego no muy fuerte y se va untando con aceite vegetal y limón mientras se asa. Se coloca la parte interna para abajo, y cuando está doradita esta parte, se da vuelta para dorar del otro lado.

- El yogur sirve para macerar carnes duras así como también para espesar salsas.

- La disyuntiva entre los amantes del asado, es si salarlo antes o después. Los que lo salan antes lo hacen porque creen que mientras se va cocinando, la sal penetra y le da un gusto especial al asado y los otros sostienen que lo salan después de cocido porque el sabor de la sal con el asado crocante es el especial. La solución salomónica sería salarlo antes y después.

- Antes de poner en un grill cualquier carne, sean aves, pescados o carnes rojas marinarla durante diez minutos con un poquito de aceite, sal sin sodio o bajo contenido de sodio, pimienta negra recién molida, jugo de limón, vino blanco y un chorro de aceite. De esta manera se realzará el gusto de la carne.

Los pescados y mariscos

- Es muy importante que los pescados y mariscos no corten la cadena de frío. Si se los compra congelados, ponerlos inmediatamente en el congelador.

- El pescado debe lucir brillante, de buen color y debe tener los ojos abiertos y brillantes.

- Cuando se compran camarones cocidos, no se deben volver a cocinar porque quedan duros. Se remojan en caldo de verduras y luego se incorporan a la salsa. Los camarones crudos son de color gris. Cuando se cocinan toman un color rosado. Su cocción es muy rápida y si se pasan quedan duros o gomosos. Son ideales para dietas hipocalóricas y tienen mucho valor proteico.

- Conviene sazonar los filetes de pescado con jugo de limón y dejarlos durante una hora más o menos en el refrigerador antes de cocinarlos para que queden firmes y no se desintegren cuando se cocinen.

- El pescado debe ser hervido a fuego suave para que la carne no se deshaga.

Las frutas y vegetales

- Las berenjenas deben estar lisas, sin manchas y turgentes para asegurarse de que sean frescas. Cuanto más chiquitas, menos semillas. - Para quitarles el ácido a las berenjenas, colocarlas cortadas en una fuente, cubrirlas con sal y dejarlas por lo menos ¾ de hora. Luego lavarlas y cocinarlas.

- Para que los limones rindan más y se pueda aprovechar bien su jugo, antes de exprimirlos, se deben dejar un buen rato sumergidos en agua caliente o se pueden meter unos segundos en el microondas.

- Para que el tomate no se deshidrate y luzca bien, salarlo antes de servir.

- Cuando las papas se hierven con cáscara pueden ser guardadas en el refrigerador sin pelarlas.

- Para que el ajo no caiga mal ni cause acidez, cortarlo al medio y sacarle el brote blanco y verde del centro.

- Para pelar los ajos fácilmente se les puede dar un hervor rápido.

- Para pelar los tomates fácilmente, hacerles un corte suave en forma de cruz en un extremo, sumergirlos en agua hirviendo y luego pasarlos por agua fría y pelar.

Los postres

- Para quitarle calorías a cualquier preparación dulce, se debe reemplazar el azúcar por el edulcorante.

- Para las preparaciones que necesiten cocción, se utilizan edulcorantes aptos para llevar al fuego.

- Una aliada para darle consistencia a cualquier postre es la gelatina.

- Para reemplazar salsas dulces se puede recurrir a mermeladas dietéticas licuadas con agua o té especiados con jugos de frutas natural.

- Para reemplazar dos barritas de chocolate: 11/2 cucharadita de cacao amargo descremado con edulcorante líquido a gusto.

- Para desmoldar mejor una gelatina, mousses, flanes o pudines, pasar la fuente por agua.

- Para las frutas que necesitan cocción, se recomienda utilizar una olla de fondo grueso y mantener un hervor bien bajo para que no se rompan durante la cocción.

- Para lograr un merengue perfecto es muy importante que no haya ningún resto de yema o residuo de materia grasa en el recipiente donde se va a batir el merengue. Este tardaría mucho más en formarse, podría quedar blando o manchado si hubieran residuos de yema.

- Para que las claras de un merengue no se corten no deben batirse en exceso.

Términos de cocina

Aderezar sazonar una preparación: También se utiliza para definir la operación de darle a un plato una presentación más vistosa.

Adobar: Poner un género crudo (lo más normal son los productos del cerdo, costilla, lomo, etc.) en un preparado llamado adobo que consiste en pimentón, especias y sal para darle un aroma especial.

Aromatizar: Añadir a una preparación elementos con aromas acusados (especias, hierbas aromáticas, entre otras.)

A punto: En su justo punto de cocción o sazonamiento.

Blanquear: Poner un género en agua fría hasta que comience a hervir, con el fin de quitar malos olores, el exceso de sal, precocinar, etc. (Dar un hervor o cocer a medias).

Cincelar: Hacer incisiones en una pieza para facilitar su proceso de cocción, generalmente en los asados.

Cocer al baño María: Cocinar un género dentro de un recipiente, que a su vez está dentro de otro que contiene agua caliente. Se utiliza para determinadas elaboraciones que van en moldes, o para calentar líquidos más o menos espesos que al fuego directo se agarran con facilidad.

Cocer al vapor: Cocinar un género con vapor de agua. Con esta técnica conseguimos que la pérdida de sabor y los nutrientes sea mínima.

Colar o filtrar: Pasar por un chino Filtrar un líquido a través de un colador.

Colador chino: De forma cónica con trama muy fina. Se utiliza para obtener salsas lisas; entre otras cosas.

Condimentar: Añadir a un género elementos que vayan a proporcionar color, sabor y aroma.

Cortar en Juliana: Cortar las verduras en tiras muy finas.

Dorar: Adquirir o tomar color dorado un género mediante calor.

Empanar: Pasar un género por harina, huevo y pan rallado, para ser cocinado posteriormente con objeto de recubrirlo de una protección que hace que quede más jugoso.

Escaldar: Introducir un género en un líquido hirviendo durante un corto espacio de tiempo para facilitar su pelado, reducir su volumen o precocinarlo.

Emplatar: Colocar los alimentos ya terminados y listos para servir en una fuente o plato, atendiendo a la decoración.

Emulsionar: Juntar dos géneros incompatibles, agua y grasa, para formar un género homogéneo. Se puede hacer por un medio manual o mecánico. Para que la emulsión permanezca estable necesitaremos un agente emulsionante. Por ejemplo; el aliño para ensaladas.

Enharinar: Se le llama así a la operación de pasar un género (pollo, carne, entre otras.) por harina.

Espumar o desespumar: Retirar la espuma que se produce en los líquidos al llegar al punto de ebullición (fondos, potajes, caldos y mermeladas) y que queda flotando en la superficie del líquido.

Estofar: Cocinar un género desde frío en compañía de elementos de condimentación, tapado y a fuego suave, provocando la exudación de los alimentos y un intercambio de sabores.

Filetear: Cortar un género en lonchas finas y alargadas (por ejemplo: filetes de pescado, carne para milanesas, etc.)

Gratinar: Tostar en el horno la capa superior de un preparado.

Hidratar: Poner un género en remojo para que adquiera una consistencia blanda (pasas de uva, ciruelas secas, gelatinas, etc.)

Ligar: Espesar o dar cuerpo a una preparación por medio de un elemento de ligazón, féculas y emulsiones.

Macerar: Poner un género cualquiera en compañía de líquidos, especias, vinos o licores, para que tome el sabor de estos.

Marinar: Introducir un género crudo dentro de una preparación que variará dependiendo del resultado que queramos obtener. Después puede llevar una técnica culinaria o consumirse crudo. Se utiliza para aromatizar, ablandar, quitar malos olores y conservar a muy corto plazo.

Mechar: Introducir en una pieza de carne cruda ingredientes para aportar grasas en el interior de esta y evitar que quede seca.

Rebajar: Añadir agua u otro líquido a un preparado para disminuir su sazonamiento, densidad o color.

Rebozar: Pasar una vianda por harina y huevo batido antes de cocinarla.

Rectificar: Poner a punto una preparación, tanto de sal, condimentos, color y espesor.

Reducir: Disminuir el volumen de una preparación por evaporación, consiguiendo una mayor concentración del sabor y del espesor.

Rehidratar: Aportar a un género desecado previamente, un líquido para que adquiera y recupere su agua de constitución.

Rehogar o pochar: Ablandar un género en materia grasa (rocío vegetal, aceites o margarina), tapado y a temperatura moderada de forma que no tome color.

Reservar: Dejar una preparación cruda o cocinada total o parcialmente lista para su elaboración final.

Salpimentar: Añadir sal y pimienta a una preparación.

Saltear: Cocinar un género total o parcialmente con un poco de materia grasa caliente para que quede dorado. No tapar el alimento durante el proceso de cocción.

Sazonar: Añadir sal a una preparación, por extensión se emplea como sinónimo de aderezar o condimentar.

Sellar: Cocinar brevemente los alimentos en una materia grasa a fuego fuerte para que la corteza tome un color dorado. También se puede hacer en horno o parrilla. Se utiliza para conservar los jugos del interior de las carnes.

Tamizar: Convertir un género sólido acompañado de un líquido en un puré utilizando un tamiz o pasapurés.

Tornear: Recortar las aristas de un género para darle una forma regular, redonda u ovoide; por ejemplo, papas, zanahorias, entre otras.

En la cocina de
Yeikel

lacocinadeyeikel@gmail.com

Agradecimientos

Agradezco a todos los que hicieron posible la realización de esta publicación, especialmente a toda mi familia , la que a lo largo de toda mi vida ha estado presente en cada uno de mis sueños y proyectos. Entre ella se encuentra una persona, que aunque ya no está entre nosotros, mi tía Heredia, tiene un lugar reservado en mi corazón, ella impulsó cada idea, caminó a mi lado con su inusual alegría e imprimió un toque de amor para incitarme a seguir siempre adelante, para ella, todo mi amor siempre, donde quiera que esté.

Los quiere, Yeikel.

En la cocina de
Yeikel

Bibliografía

Vilda Figueroa y José Lama. Cómo seleccionar y consumir hortalizas, frutas, viandas y granos. La Habana, Cuba. 1999

Carlos Vázquez, Vilda Figueroa y José Lama. Las plantas de nuestro huerto. 3 Frutales tropicales y sus recetas. La Habana, Cuba. 2004

Vilda Figueroa, Olimpia Carrillo y José Lama. Como alimentarnos mejor. La Habana, Cuba. 2005

Rolando Sánchez Ramos, Santa Jiménez Acosta, Ángel Caballero Torres, Carmen Porrata Maury. Lisett Selva Suárez, Susana Pineda Pérez. María Marlene Bermúdez González. Educación Alimentaria, nutricional e higiene de los alimentos. Manual de Capacitación. Ministerio de Salud Publica. Instituto de Nutricion e Higiene de los Alimentos. La Habana, Cuba, 2004.

Sitios web:

www.botanical-online.com

www.enplenitud.com

www.wikipedia.org

Yeikel Santos Pérez
(La Habana, Cuba 1987)

Fundador del proyecto comunitario vida sana aire puro. Miembro del movimiento italiano Slow Food. Ganador de diversos premios por su participación en eventos nacionales e internacionales. Condujo durante dos años la sección "En la cocina de Yeikel" del programa juvenil "Lo tenemos en mente" del Canal Educativo. Creó su propio espacio de cocina para el Canal Habana llamado "Toque Habanero" del que fue el anfitrión y guionista, donde compartió con muchísimas figuras del arte cubano. Colaborador de la revista Pionero con recetas de cocina. Por más de 9 años escribió para la sección de cocina "A la mesa" de la revista Somos Jóvenes, también de la editora Abril. Publicó su primer libro para niños titulado Coloreando frutas y vegetales, para la editora Abril. En el programa De Mañana de la emisora Radio Taino por más de 8 años condujo la sección "A la mesa". Colaboró con otros programas de radio como Pensando en tí, en la emisora de Radio Progreso, con la sección de cocina conmigo. Cursó un semestre y medio en el Colegio Culinario de Morelia, Michoacán, México. Ha desarrollado diversas actividades para los niños con cáncer, siendo colaborador además de la organización de ayuda humanitaria Semi di Pace. (Semilla de Paz). Graduado de Le Cordon Bleu, Miami. Colaborador de diferentes programas para la radio y televisión en Miami.

lacocinadeyeikel@gmail.com